AF452427

Le Syndicalisme

DEVANT

la République

*Compte rendu sténographié de la Réunion publique
tenue à l'Eden-Palace (ancien Tivoli-Vaux-Hall),
le Vendredi 20 Novembre 1908*

Discours

de MARC SANGNIER

et discussion

AU SILLON

34, BOULEVARD RASPAIL, PARIS VIIe

Le Syndicalisme

DEVANT

la République

RÉUNION PUBLIQUE

Tenue à l'Eden-Palace (Ancien Tivoli-Vaux-Hall)

Le Vendredi 20 Novembre 1908.

———·⊙·———

La séance est ouverte sous la présidence du camarade d'Eaubonne, *de la Chambre syndicale des Employés, ayant comme assesseurs les camarades* Hitzel, *de la Fédération du Livre, et* Le Moing, *de l'Union syndicale des Menuisiers de la Seine.*

Le Président. — Camarades, la séance est ouverte. La parole est au camarade Marc Sangnier.

DISCUSSION

Le Président. — La parole est au Camarade Hartières.

Un premier contradicteur.

M. Hartières. — J'espère, Camarades, que vous voudrez bien m'écouter. Mes convictions personnelles ne sont peut-être pas d'accord avec celles des anarchistes qui ne croient pas à la nécessité d'une action sociale immédiate et qui ne peuvent comprendre le syndicalisme comme je le comprends; elles ne sont pas non plus d'accord avec celles des monarchistes qui voudraient démolir le parlement pour mettre un roi à sa place, un roi, qui, le fouet à la main, nous forcerait à marcher conformément aux principes de la théocratie.

Nous nous élevons contre les uns et contre les autres parce que nous croyons que les

d'expulser nos camarades des syndicats con-
fédérés. — Voilà pourquoi nous avons cru
utile, ce soir, dans un débat public et cour-
tois, d'apporter notre conception syndicale et
de demander à ceux qui, dans les journaux
syndicalistes ou dans les syndicats font campagne contre nos amis, de venir apporter à
cette tribune, toujours libre, puisqu'elle est
sillonniste, les raisons de leur attitude, de
leur hostilité, de leur ostracisme.

La crise du syndicalisme français.

Et nous sommes convaincus, Camarades,
qu'il ne saurait que sortir un bon résultat de
cet échange d'idées, car nous comprenons
fort bien que certains syndicalistes puissent
avoir à cœur d'organiser des syndicats ayant
une teinte philosophique, religieuse, particulière et déterminée : c'est leur droit. Nous
réclamons seulement qu'ils le disent ouverte-
ment et qu'ils ne prétendent pas ouvrir le
syndicat à toutes les bonnes volontés prolé-
tariennes.

A l'heure actuelle, Camarades, le syndicalisme français traverse une crise et dans son sein même la guerre est déclarée entre libertaires et réformistes. Nous voudrions, très brièvement, d'abord exposer quels sont, à notre avis, les dangers de la thèse libertaire et quels sont également les dangers de la thèse réformiste.

Les libertaires contre les politiciens.

Tout d'abord, les libertaires, reconnaissons-le hautement, ont rendu aux syndicats français un véritable service en les affranchissant de la tutelle des politiciens radicaux et socialistes. Il est certain que les libertaires, ces vieux ennemis des socialistes parlementaires, après avoir pendant longtemps boycotté le mouvement syndical, se sont avisés d'y entrer pour tâcher d'y faire pénétrer avec eux leurs opinions, leurs tendances, leur tempérament, et du même coup, ils ont coupé brutalement les liens qui réunissaient le syndicalisme français à la politique radicale et socialiste; ils ont affranchi le syndicalisme.

Et comment cela, Camarades ? Mais, tout simplement en vidant le socialisme de son contenu économique et social. Le socialisme, vous le savez, prétendait et essaye bien encore de prétendre timidement aujourd'hui qu'il est, non seulement un parti politique, mais un effort immense de tout le prolétariat organisé, ne se servant du bulletin de vote que comme de l'un des instruments mis à sa disposition pour qu'il réalise son affranchissement de classe.

Et voilà que les syndicalistes de la C. G. T. sont venus dire : « Nous ne reconnaissons pas au Parti socialiste le droit de parler au nom du prolétariat organisé, car le prolétariat organisé est aussi distinct du socialisme que du radicalisme, que des partis monarchistes ou réactionnaires. Il doit pousser son effort de régénération sociale et de révolution en dehors de tous les partis politiques, contre tous les partis politiques. » *(Applaudissements.)*

Voilà ce que les libertaires ont dit et du

même coup, les socialistes et les radicaux-
socialistes se trouvaient dépouillés de cette
auréole qui ceignait autrefois leur front de
réformateurs. Ils ne sont plus maintenant que
des députés, que des politiciens comme les
autres, et Jaurès a beau couvrir des fleurs
empourprées de sa réthorique le manteau du
socialisme réformiste, les prolétaires lui disent : « Tu es peut-être un rhéteur habile et
tu peux chanter tes romances dans nos réunions, mais tu n'es plus notre directeur de
conscience, car nous ne voulons plus de di-
recteurs de conscience, nous sommes assez
grands pour nous conduire nous-mêmes, nous
rejetons tous les politiciens, les plus élo-
quents, comme les plus habiles ou les plus
pervers. » (*Applaudissements.*)

Voilà, Camarades, ce que les libertaires de
la *Confédération* ont eu le courage de
faire et ce n'était pas commode, car agir
ainsi c'était du même coup, ne l'oublions pas,
se priver de tous les secours plus ou moins
officiels, c'était quitter les locaux adminis-
tratifs de la Bourse du Travail et s'instal-
ler dans la petite et humble maison de la

rue Grange-aux-Belles; c'était, en province, avoir de multiples difficultés avec les municipalités et avec les préfets, c'était, en un mot, perdre tous les bénéfices de cette chaîne dorée que le Gouvernement ne demandait pas mieux que de donner à la C. G. T., à condition qu'elle acceptât de perdre son indépendance.

Or, Camarades, voici un apologue. Il s'agit de deux chiens, l'un est gras, bien portant, bien nourri et il vante les délices de sa situation prépondérante à un pauvre malheureux caniche qui, la queue entre les jambes, baisse la tête et regarde le creux de son ventre pas souvent rempli. (*Sourires.*) Mais, Camarades, tandis que le caniche allait être séduit par la propagande oratoire du gros chien repu, il s'aperçoit que celui-ci porte au cou une trace, quelque chose qui ressemble à du poil qui aurait pelé, et quand il apprend que le gros chien repu ne jouit de son bonheur que parce qu'il porte un collier et est esclave, le chien maigre se réjouit car s'il est maigre, il est indépendant, lui. (*Applaudissements prolongés.*)

Eh bien, pour nous, qui sur tant de points, comme nous le verrons tout à l'heure, nous trouvons en désaccord avec les représentants actuels de la C. G. T., c'était un devoir de justice de commencer par indiquer quels services la C. G. T. a rendu au prolétariat français.

Etroitesse et insuffisance du syndicalisme libertaire.

Mais, Camarades, dissocier l'effort syndicaliste et l'effort socialiste, c'était quelque chose, ce n'était pas tout, aux yeux de la C. G. T. Il s'agissait ensuite de faire pénétrer dans les syndicats un certain esprit sans lequel le syndicat n'eût été qu'un corps mou, aveuli, impuissant à réaliser les grandes besognes révolutionnaires. Et là encore, Camarades, nous sommes pleinement d'accord avec la C. G. T. Il est certain qu'un syndicat, même nombreux, même riche, même comblé de puissance matérielle, ne vaut rien pour réaliser la transformation sociale s'il n'est composé d'hommes énergiques, violents, intransigeants et capables de répandre s'il le faut leur sang pour faire triompher leurs revendications. (*Applaudissements.*)

Mais que demandent les chefs actuels de la C. G. T. aux syndicalistes? Ils leur demandent une certaine conception de la révolution qui nous paraît, à nous, non seulement une conception dangereuse — ce qui ne nous gênerait pas beaucoup, car les révolutions doivent être dangereuses et si elles ne l'étaient pas, elles ne réussiraient pas — mais une conception presque enfantine et qui, je le crois, menace de conduire le prolétariat organisé sous le joug des pires réactions économiques.

Et pourquoi, Camarades? Parce que la C. G. T. fait appel, non pas à l'explosion d'une idée de justice, mais à la seule violence; elle prétend travailler, non pas pour réaliser dans les rapports des hommes entre eux, plus d'équité et plus de fraternité, mais simplement pour permettre au quatrième état, le prolétariat organisé, de conquérir le pouvoir économique et d'en jouir au détriment de tous ceux qui ne rentrent pas dans les cadres du quatrième état.

Or, cette conception nous apparaît comme éminemment étroite et inféconde, car, en vérité, les prolétaires organisés, alors même que *tous* les prolétaires seraient organisés, constitueraient encore, dans notre pays, une minorité numérique, si bien qu'ils rencontreraient toujours contre eux la force immense, non seulement du capitalisme, mais encore de la petite propriété agricole, la force immense de cette foule d'hommes qui ne sont pas personnellement intéressés à une révolution réalisée par la C. G. T. et qui ne peuvent travailler pour que la société soit bouleversée et profondément changée que dans la mesure où ils sauront se rendre compte que ce changement réaliserait ici-bas une justice plus haute.

Et c'est, Camarades, parce que les syndicalistes méprisent non seulement le terme, mais l'idée même de justice, parce qu'ils trouvent que c'est un vieux vocable qu'il faut remiser avec les accessoires inutiles dans les coulisses des antiques théâtres, qu'ils ne pourront pas avoir d'action sur la majorité de notre pays ; c'est parce qu'ils renoncent à la vieille tradition des révolutionnaires d'autrefois qui, dans leurs luttes, étaient poussés certes par l'intérêt de classe et par des besoins économiques que l'on ne peut pas comprimer, mais qui rattachaient leur effort à un idéal de justice et de fraternité supérieures. Ils ramassaient ainsi, dans tous les milieux, dans toutes les classes, dans toutes les catégories sociales, le bataillon ardent de ceux qui sont capables de se sacrifier pour un idéal et qui veulent d'abord qu'il y ait plus de justice et plus d'amour entre les hommes. (*Applaudissements prolongés.*)

Nous sommes en droit de dire, Camarades, que, de même que les socialistes avaient rapetissé la Démocratie en ne faisant de l'effort démocratique qu'un simple effort de transformation économique, de même les syndicalistes rapetissent encore le socialisme en ne voulant voir que le simple développement du syndicat et de la force des producteurs associés.

Et de ce fait les syndicalistes qui ne

voient pas l'ensemble des besoins humains, les syndicalistes qui se cantonnent dans leur unique propagande syndicale, poussent jusqu'aux conséquences les plus inattendues et cependant les plus logiques—je tiens à dire les plus logiques — leur désir de révolution immédiate.

Antimilitarisme et antipatriotisme.

C'est ainsi qu'ils sont antimilitaristes,c'est ainsi qu'ils sont antipatriotes, qu'ils n'acceptent pas comme nous que la Patrie soit un des échelons de ce sentiment qui rattache les hommes les uns aux autres, qu'au-dessus de la Patrie, certes, doive s'élever l'Humanité, mais que la meilleure manière de servir l'Humanité soit de commencer d'abord par servir sa Patrie, en la rendant capable d'être aimée par les autres. (*Applaudissements. Sifflets.*)

Cris divers. — A bas l'Armée! A bas la Patrie!

Marc Sangnier. — Je ferai remarquer aux antipatriotes présents que c'est le plus grand hommage que bien malgré eux ils pourraient rendre à la Patrie...

Dans la salle. — Il n'y a pas de Patrie...

Marc Sangnier. — ... d'étouffer par des clameurs le seul mot de « Patrie ». Je suis convaincu qu'il viendra des contradicteurs antipatriotes et j'espère que tous nos amis sauront les écouter dans le silence le plus complet. (*Applaudissements.*) Mais je vous demande, au nom de votre propre doctrine, de ne pas laisser croire que vous n'avez rien à dire contre la Patrie et que vous ne pouvez que crier contre elle. (*Applaudissements.*)

Donc, Camarades, — et je vous supplie de ne pas passionner ce débat, — suivant la logique de ses principes, la C. G. T. semble de plus en plus amenée à prendre parti sur le terrain philosophique, sur le terrain moral, — je ne dis pas sur le terrain religieux, car je dois rendre cette justice à la C. G. T. qu'elle ne multiplie pas, surtout ces temps-ci, les manifestations anticléricales. Cela provient peut-être, d'après ce que m'ont dit certains syndicalistes, de ce qu'ils considèrent que la religion n'est pas dangereuse dans les syndicats. J'aime mieux croire que cela provient de leur bon sens, de leur loyauté, de leur tolérance et de ce qu'ils veulent vraiment que tous les prolétaires, quelles que soient leurs opinions, leurs convictions religieuses, puissent marcher ensemble pour la suppression du patronat et l'émancipation du prolétariat. (*Applaudissements.*)

Cris divers. — Il ne faut pas ménager la chèvre et le chou.

Marc Sangnier. — J'expose, Camarades, mes idées et s'il se trouve qu'il y ait parmi elles du chou pour les chèvres que voici, j'en suis ravi. (*Applaudissements et rires.*)

Quoi qu'il en soit, il nous apparaît que c'est un danger de confondre le mouvement syndicaliste avec la propagande antipatriotique, antimilitariste et avec une certaine propagande en faveur du néo-malthusianisme, qui se répand depuis quelque temps dans les milieux syndicalistes.

Je ne veux pas dire, Camarades, comprenez bien ma pensée, qu'en faisant de l'antimilitarisme, de l'antipatriotisme, du malthusianisme, vous n'ayez cette idée que, du même coup, vous préparez l'émancipation du prolétariat. Je ne suis pas d'accord avec vous sur ce point, mais je vous reconnais le droit de travailler dans le syndicat, non seulement à obtenir des réformes immédiates, mais encore à préparer l'émancipation intégrale de l'âme, de l'esprit, puisque vous ne croyez pas tous à l'âme, du cerveau du prolétaire.

Je reconnais que cette attitude est logique. Mais je dis que si vous agissez ainsi et que si vous choisissez une propagande qui écartera une immense quantité de prolétaires désireux cependant — c'est là le point — de travailler avec vous à supprimer le salariat et le patronat, vous appauvrissez les forces syndicales et vous brisez l'unité de la classe ouvrière. (*Applaudissements.*)

Voilà pourquoi nous demandons qu'en dehors du syndicat on discute au sujet du malthusianisme, au sujet de l'antipatriotisme, au sujet de la religion et de la philosophie, mais que dans le syndicat, on écarte toutes ces discussions et l'on se contente de travailler à cette révolution économique qui doit aboutir à l'émancipation du prolétariat. En dehors du syndicat, toutes les propagandes d'idées religieuses ou antireligieuses, patriotiques ou antipatriotiques, morales ou philosophiques ; mais dans le syndicat, la seule propagande qui puisse réunir tous les travailleurs conscients et libres. (*Vifs applaudissements.*)

L'écueil du réformisme.

Passons maintenant, Camarades, à la seconde partie du syndicalisme contemporain ou réformisme.

Il faut ici que je parle avec prudence, car pas plus tard qu'hier, je recevais une lettre de Keufer, une longue lettre (1) qui m'a vrai-

---

(1) Voici le texte de cette lettre :

Paris, le 19 novembre 1908.

Cher Monsieur,

Déjà au cours de notre dernière conversation, je vous avais signalé les termes désobligeants pour les réformistes en général que contenait votre article sur le Syndicalisme. Voici maintenant que sur les murs de la capitale, nous voyons de petites

ment touché, je dirai presque ému. Il nous

affiches et des circulaires annonçant votre conférence de demain sur le *Syndicalisme devant la République*, et à ce propos le *Sillon* renouvelle ses propos désobligeants pour les réformistes en disant :

« Les réformistes, qui sont l'espoir du gouver
» nement, pourraient, s'ils triomphaient, supori
» mer en fait cette si profitable autonomie de la
» C. G. T., et remettre les forces ouvrières sous
» le joug des politiciens radicaux et socialistes. »

Il m'est impossible de laisser se produire ces allégations, qu'aucun fait ne justifie, sans m'élever énergiquement contre elles et sans vous exprimer mon étonnement devant la persistance avec laquelle vos amis et vous nous attribuez de si noirs et de si maladroits desseins.

Sans parler d'autres corporations réformistes, qui sont, du reste, dans le même cas que la nôtre, je ne puis comprendre que vous généralisiez vos appréciations sur les réformistes. Où voyez-vous que les travailleurs du Livre en général, et moi-même en particulier, soyons capables de supprimer notre autonomie au profit du gouvernement ou d'un parti quelconque ?

Si nous combattons avec une persistante vigueur l'immixtion de toute doctrine politique ou nhilosophique officielle quelconque au sein de notre organisation comme au sein de la Confédération, ce n'est pas avec l'intention, ni maintenant, *ni plus tard*, de nous mettre à la remorque de qui que ce soit, pas plus à celle du Gouvernement, quel qu'il soit, qu'à celle d'un parti, fût-ce du parti socialiste ou des anarchistes, cette adhésion étant exclusivement du ressort de chacun de nos membres en tant qu'individu.

Rien, absolument rien ne vous autorise donc à

reprochait d'avoir laissé entendre dans les affiches que nous avons apposées sur les murs de Paris, de même que dans les articles qui ont paru dans l'*Eveil Démocratique*, que les réformistes étaient, au sein de la C. G. T. le suprême espoir du Gouvernement, qu'ils avaient partie liée avec M. Clemenceau et que, par conséquent, ils trahissaient la classe ouvrière.

Loin de nous cette pensée, Camarades, et dussé-je être traité moi aussi de modéré, de syndicaliste à l'eau de rose, j'ai trop connu et trop personnellement apprécié la loyauté, l'énergie, la valeur intellectuelle et morale...

---

maintenir de pareilles hypothèses sans porter atteinte volontairement à la vérité, tant que des faits tangibles, évidents ne viendront pas justifier ces hypothèses. Les réformistes sont libres et veulent rester libres.

En tout cas, j'affirme hautement l'indépendance absolue de la *Fédération du Livre* et de ceux qui la dirigent, vis-à-vis de quelque pouvoir politique ou parti que ce soit. Malgré cela, nous ne pouvons pas échapper à l'approbation ou à la désapprobation du gouvernement et de l'opinion publique. C'est un droit dont tout le monde peut disposer.

Recevez, cher Monsieur, mes très cordiales salutations

AUGUSTE KEUFER.

Dans la salle. — Entre jaunes on s'admire toujours.

Marc Sangnier. — ... du camarade Keufer pour pouvoir jamais supposer cet homme capable de trahison et pour oser dire qu'il a partie liée avec le Gouvernement. (*Applaudissements.*)

Mais, Camarades, ce que je répète — et je regrette que Keufer ne se soit fait représenter ici que par cette missive car j'aurais eu un plaisir tout personnel à discuter avec lui devant cet immense auditoire, comme je l'ai fait tant de fois, dans l'intimité de nos congrès ou de nos réunions d'étude — eh bien, devant Keufer, comme devant vous, je n'aurais pas craint de répéter que si les réformistes venaient à triompher, il y aurait un danger pour le prolétariat : le parti radical et le parti socialiste qui ont été rejetés de la C. G. T. par les libertaires pourraient espérer s'immiscer à nouveau dans les affaires syndicales, se servir à nouveau des syndicats comme de tremplins électoraux, endormir à nouveau les révoltes du prolétariat par des promesses impuissantes et intéressées.

Eh bien, Camarades, je crois qu'alors même que les intentions actuelles des réformistes seraient les plus pures du monde, leur triomphe permettrait cependant aux ingérences politiciennes de s'introduire plus aisément dans les milieux syndicaux. Les désirs même que les ministres affirment au Parlement de voir triompher les éléments réformistes au sein de la C. G. T. doivent nous servir d'indication.

Ne l'oublions pas, toutes les combinaisons de nos politiciens, le jour où elles renaîtront au sein des syndicats, appauvriront, émasculeront, énerveront ceux-ci et permettront encore une fois aux efforts d'émancipation de la classe ouvrière de se briser contre les égoïsmes des politiciens nantis.

Du reste, beaucoup de réformistes, vous le savez comme moi, vous qui appartenez à la C. G. T., ne désirent même nullement la suppression du patronat et du salariat : ils veulent tout simplement organiser des œuvres d'assistance entre les prolétaires et ils croient que par des caisses de chômage, des caisses contre la maladie, des caisses de retraite, ils pourront, petit à petit, faire à l'ouvrier une situation si supportable qu'il n'aura plus au cœur le désir de changer de fond en comble sa situation, de devenir propriétaire de ses instruments de travail, et de remplacer par l'effort du prolétariat organisé le capitalisme moderne.

Or, il nous apparaît à nous que si l'on arrivait à détruire cette force révolutionnaire dans le syndicat, on aurait coupé à celui-ci bec et ongles et on l'aurait rendu impuissant à accomplir sa tâche. Voilà pourquoi, tout en reconnaissant qu'il y a parmi les réformistes une foule de braves gens animés des meilleures intentions et quelques hommes d'élite comme Keufer, je me méfierais quant à moi d'un triomphe trop complet des réformistes. Peut-être est-il plus utile pour la classe ouvrière que persistent dans les milieux syndicaux cette effervescence, ce bouillonnement d'intelligences et d'activité, cette ferveur non pas d'émeutes, mais de révolte contre le mal présent que les libertaires ont apportés avec eux ; car, si je considère les libertaires comme des adversaires, je les considère comme des adversaires utiles. Encore une fois, nous leur devons d'avoir fait du syndicat autre chose qu'une petite œuvre placide et domestiquée par M. le Préfet, je veux dire l'expression brûlante, ardente, passionnée, intempestive parfois, mais souvent noble et généreuse du prolétariat qui veut monter à la vie et avoir sa place dans l'histoire du monde. (*Applaudissements prolongés.*)

Notre conception syndicale.

Il est temps que nous indiquions maintenant plus nettement encore, et non seulement par voie de critique, quelle est notre conception syndicaliste.

Le syndicat, nous l'avons répété maintes fois, doit avoir, d'après nous, trois caractères :

Il doit être d'abord professionnel ; deuxièmement, démocratique — et vous verrez le sens que nous donnons à ce mot, car les mots changent souvent de sens et il paraît maintenant que dans certains milieux la Démocratie passe pour quelque chose de tout à fait réactionnaire; en troisième lieu, respectueux des forces morales que l'on trouve dans les individus.

D'abord, professionnel. Cela va sans dire. Le syndicat a pour but de grouper les travailleurs d'après leur profession et de leur permettre d'opposer aux exigences patronales une résistance organisée.

Ensuite démocratique. C'est ici que nous nous séparons d'un certain nombre de réformistes, car le syndicat doit aboutir, pour nous, non pas seulement à améliorer la situation présente des prolétaires, non pas seulement à faire naître tous ces contrats collectifs et toutes ces lois de protection pour l'ouvrier, mais il doit encore aboutir à transformer si complètement la société que les prolétaires, au fur et à mesure qu'ils en sont capables, puissent prendre la succession du patronat et soient aptes à diriger eux-mêmes leurs propres affaires économiques. Nous voulons la Démocratie sur le terrain économique comme nous la voulons sur le terrain politique. De même que sur le terrain politique, nous réclamons que les citoyens conscients et libres soient les défenseurs de l'intérêt général de la société politique, ce qui est la République — ou plutôt ce qui devrait être la République, — de même sur le terrain économique, notre idéal serait que les travailleurs puissent non seulement être ces machines vivantes, annexes de la machine d'acier et souvent aussi esclaves qu'elle, mais puissent être encore le cerveau qui dirige l'usine, si bien que les ouvriers donneraient non seulement l'effort de leurs bras, mais encore collaboreraient à la direction industrielle et choisiraient eux-mêmes leurs propres chefs. (*Très bien.*)

Enfin, Camarades, nous disons que le syndicat doit être respectueux des forces morales et c'est ici que nous nous distinguons des libertaires. Respectueux des forces morales, cela veut dire que le syndicat devra se rendre bien compte que ce n'est pas trop de toutes les énergies pour accomplir cette tâche immense qui consiste à transformer la société économique et que par conséquent, vous n'avez pas le droit d'arracher au philosophe sa philosophie, au moraliste sa morale, au croyant sa croyance, à condition que cette philosophie, que cette morale, que cette croyance ne déterminent pas une régression de l'énergie et de la volonté libératrices, mais qu'au contraire elles excitent les puissances de révolution et poussent les hommes à réaliser plus de justice ici-bas. (*Vifs applaudissements.*)

La République
avant le syndicalisme.

Ici, Camarades, nous touchons bien le fond du débat et vous allez voir ce qui nous sépare des libertaires. Pour nous, le syndicat n'est pas l'outil, l'instrument exclusif de l'émancipation humaine ; pour nous, le syndicat n'est pas cette arche sainte que l'on ne peut jamais toucher sans un religieux frisson ; pour nous, le syndicat n'est pas cette unique association, cellule divine de la société future qui dispenserait de tous les autres groupements. Pour nous, le syndicat est un ins-

trument privilégié, j'en conviens, c'est un instrument nécessaire, je vous l'accorde, mais
ce n'est qu'un instrument pour transformer la
société dans le sens démocratique.

Mais cette transformation économique de
la société ne nous intéresse que parce que
nous poursuivons un but plus élevé que la
suppression du patronat et du salariat, je
veux dire, le développement de la dignité
humaine, de la conscience et de la responsabilité de chacun. (*Applaudissements.*)

Voilà pourquoi nous ne craignons pas d'affirmer devant les libertaires qui chaque jour
se dégoûtent davantage de la République :
« Nous ne sommes syndicalistes que parce
que nous sommes républicains. » (*Applaudissements.*)

Eh oui, Camarades, si nous n'étions pas
républicains, nous pourrions encore être réformistes. Nous pourrions désirer une amé-
lioration immédiate du sort des prolétaires
et certains syndicalistes ne craignent pas d'affirmer, l'histoire et la géographie en mains,
que dans certains pays monarchiques, en
Angleterre, par exemple, on est plus avancé

au point de vue économique que sur la terre de France qui est républicaine.

Dans la salle. — C'est la faute aux curés.

Marc Sangnier. — Je tiens à affirmer qu'il ne suffit pas aux prolétaires d'être mieux vêtus, d'être mieux logés, il ne leur suffit même pas d'être mieux traités par la police, — et ce serait déjà cependant quelque chose, n'est-il pas vrai? (*Rires.*) Ils veulent plus et mieux. Ils veulent se servir du syndicat pour arriver à être autre chose que cette foule inconsciente qu'un patron dirige et guide. Ce qu'ils veulent, c'est participer à la dignité et aux risques des initiatives, ce qu'ils veulent, c'est être aussi les maîtres de l'industrie, après avoir cru être si longtemps les maîtres de la politique. Ils savent même, Camarades, qu'ils ne seront les maîtres de la politique que le jour où ils seront les maîtres au point de vue économique car, tant que nous aurons la monarchie dans l'usine, nous ne pourrons pas avoir la République dans la société. (*Applaudissements.*)

Libertaires et monarchistes.

Le danger de l'étroite situation syndicaliste des libertaires, la voici. Ils disent aux
prolétaires : « Occupez-vous de votre syndicat et pas d'autre chose. La politique, ça
nous dégoûte. » Ils devraient dire : « La politique est dégoûtante. » Ils auraient raison,
mais ils devraient ajouter : « Nous allons
nous arranger de manière à ce qu'elle ne
soit plus dégoûtante. » (*Applaudissements*.)

Ils disent : « Les intérêts généraux de la
Patrie, nous ne savons pas ce que c'est,
parce que nous n'avons pas de Patrie. Notre
Patrie, c'est notre classe, ce sont nos intérêts
économiques ; il n'y a pas d'autre Patrie pour
le prolétaire que le syndicat. »

Voilà, Camarades, le raisonnement qu'ils
tiennent. Regardez comme il est dangereux.
Vous avez beau vous renfermer dans votre
syndicat, vous avez beau ne vous occuper que
d'événements syndicalistes, vous avez beau
ne pas suivre ce qui se passe dans le monde,

vous avez beau ne pas vous intéresser au mouvement intellectuel, moral, artistique, religieux, vous avez beau dire : « Tout cela n'est pas fait pour des prolétaires, nous avons notre intérêt de classe et c'est tout », qu'arrive-t-il ?

Il arrive que ce terrain de la politique, de la sociologie générale que vous avez déserté pour vous cantonner sur celui du syndicat, d'autres viendront l'occuper et bientôt par un étrange mais logique phénomène, d'un coin tout opposé de l'horizon vous entendrez des voix de plus en plus pressantes qui vous tiendront ce langage : « Vous avez raison, prolétaires, occupez-vous de vos affaires syndicales et pas d'autre chose. Il ne faut plus de parlementaires qui touchent de l'argent et ne font rien, il ne faut plus de ces représentants oratoires du prolétariat, il faut chasser tout cela. » Une fois qu'on aura chassé tout cela, on vous dira : « Il y a des intérêts généraux, il y a des choses que vous ne pouvez pas discuter dans vos syndicats, qui est-ce qui s'en occupera ? » Et l'on vous glissera en douceur : « Il est tout à fait nécessaire qu'il y ait un roi en France. » (*Vifs applaudissements.*)

Voilà le raisonnement que vous n'accepterez pas, le raisonnement qu'on a commencé à vous tenir et il est intéressant de voir les monarchistes — surtout les monarchistes de l'*Action Française* — se rencontrer merveilleusement avec les syndicalistes libertaires pour crier : « A bas Clemenceau ! A bas la République bourgeoise ! » Puis on supprime *bourgeoise* et on pend tout simplement Marianne à une des fenêtres de la Bourse du Travail. (*Applaudissements.*) Les journaux royalistes exultent et dans une même haine, Camarades, vous en venez à confondre Clemenceau et la République, alors que ce n'est pas tout à fait la même chose. (*Applaudissements.*)

Il vous arrive, Camarades, quelque chose d'analogue à ce qui arrive à ces hommes — et nous allons faire plaisir à un interrupteur de tout à l'heure, nous allons parler des curés (*Rires*) — à ces hommes qui, scandalisés par l'attitude de certains catholiques et de certains curés, au lieu de crier : « A bas ces

mauvais catholiques et ces mauvais curés »
s'écrient : « A bas la religion. »

Et bien, ce n'est pas parce que vous voyez
des républicains qui vous dégoûtent que vous
avez le droit de crier : « A bas la République ! » (*Applaudissements.*)

L'idéal républicain.

Vous n'en avez pas le droit, car il s'agit
de savoir si les hommes qui agissent ainsi
le font dans le sens de la République ou
dans un sens opposé, et je crois qu'il serait
facile de démontrer que si la République se
fait régressive, que si elle se fait bourgeoise,
que si elle se fait capitaliste, ce n'est plus la
République, ce n'en est plus qu'une carica-
ture. Mais prenez garde, Camarades, si vous
voulez, sous prétexte de détruire la carica-
ture, attaquer la République elle-même, vous
rencontrerez des hommes qui feront chorus
avec vous, qui seront ravis d'exciter votre
colère, qui pactiseront avec vous et qui ne
demanderont qu'à vous rejoindre sur des
barricades d'où ils chasseront non pas le ca-

pitalisme, mais la République. Une fois la République chassée, on vous ramènera tout ce qui — je l'espère — est de nature à ne jamais être accepté par un syndicaliste.

Car je crois, quant à moi, que tout n'était pas faux dans le rêve que nos pères ont fait autrefois, en 1789. Je sais bien, Camarades, quelles ont été les erreurs, quels ont été les crimes de la Révolution bourgeoise, mais je sais aussi que cette Révolution n'a pas commencé, comme vous le dites, par être une révolution bourgeoise : elle a commencé par être une révolution humaine et elle n'est devenue bourgeoise que parce que la bourgeoisie était prête à en cueillir les fruits et à les garder pour elle; mais elle serait devenue et elle deviendra la Grande Révolution, la Révolution prolétarienne, le jour où les prolétaires seront suffisamment organisés pour bénéficier du triomphe. (*Longues salves d'applaudissements.*)

Dans la salle. — Il n'y a pas beaucoup à compter sur vous, par exemple.

Marc Sangnier. — Je crois, Camarades, qu'en présence de la défection républicaine

Mais les libertaires ont des conceptions syndicales tout à fait particulières. Demandez à la *Fédération du Livre*, non pas à Sergent, mais aux fédérations de province, aux mineurs, aux métallurgistes, à ceux du textile, si leurs conceptions sont les mêmes que celles de Griffuehles, de Merrheim ou de Lévy. Ils vous diront que non. Justement ceux qui défendent la C. G. T. trouvent un argument dans cette divergence de conceptions pour dire : « Vous voyez bien que la C. G. T. n'est pas l'esclave d'une coterie, vous voyez bien que c'est la représentation du prolétariat organisé, avec tout le mouvement de tendances variées et multiples qui s'y donnent, non pas la guerre, mais qui au contraire, dans une sorte d'émulation utile au prolétariat, se poussent les unes les autres vers un avenir meilleur !

Eh bien, Camarades, si vous tenez ce raisonnement, vous devez protester énergiquement contre quiconque veut porter atteinte à la liberté des syndicats en excluant un camarade sillonniste pour délit d'opinion, car du même coup vous devez chasser la Fédération du Livre, et du même coup, le jour où les réformistes seraient les plus forts, ils devraient vous chasser, et si les sillonnistes devenaient les plus nombreux, comme cela arrive quelquefois en province, ils devraient vous chasser.

Or, nous ne voulons pas la guerre, mais l'unité ouvrière... (*Vifs applaudissements, sifflets.*)

Marc Sangnier. — ...non pas dans l'abdication, non pas dans le honteux reniement, non pas dans la peur et dans la veulerie, mais l'unité ouvrière dans la franchise, dans la loyauté, dans le courage, l'unité ouvrière la tête haute et non pas les genoux ployés. (*Vifs applaudissements.*)

Voilà comment se pose la question. Nous remercions les rédacteurs de la *Voix du Peuple*, nous remercions nos adversaires d'Angers de l'avoir nettement posée devant les syndiqués, et, ce soir, nous voulons la poser nettement devant le pays. (*Bruits divers. Tumulte.*)

Un peu de calme, Camarades, tout le monde aura la parole dans un moment.

Une question posée.

Marc Sangnier. — C'est donc, Camarades, la question que nous posons : Que si vous ne permettez pas aux sillonnistes d'être dans les syndicats vos égaux, si vous ne permettez pas aux sillonnistes de parler de leurs camarades du *Sillon* comme les libertaires parlent de leur camarade Hervé, si vous ne permettez pas aux sillonnistes de mettre *l'Eveil Démocratique* sur le même pied que la *Guerre Sociale*, que je prends à dessein parce qu'elle n'est pas l'organe officiel de la C. G. T., si vous ne permettez pas à nos amis d'avoir les mêmes droits que vous, qu'arrivera-t-il ? Que vous aurez, de vos propres mains, brisé l'unité ouvrière, et que vous aurez contraint nos camarades à élever chapelle contre chapelle, syndicat contre syndicat, et si vous agissez ainsi, vous porterez devant le prolétariat la responsabilité de cette désunion prolétarienne. ·(*Applaudissements.*)

J'espère qu'on ne me reprochera pas d'avoir manqué de franchise et d'avoir caché ma pensée : j'ai parlé nettement et je compte que les réponses seront également nettes, d'autant plus qu'il ne s'agit pas ce soir d'une de ces discussions académiques sur les syndicats comme on a coutume d'en faire quelquefois même à la Chambre des députés. Vous savez que Monsieur Viviani, en particulier, a dit de fort éloquentes choses sur les syndicats, mais que cela n'avait peut-être pas une grande influence sur les décisions des prolétaires. Au contraire, ce soir, il s'agit de répondre à une question et suivant la réponse qui sera faite, non seulement par la voix des orateurs, mais plutôt par la voix de l'expérience, par la voix des événements qui suivront, par la voix même de l'attitude qui sera celle des syndiqués de la C. G. T., ou bien toutes les forces syndicales de nos camarades, et d'une façon générale de tous ceux qui acceptent la même conception démocratique que nous, sans être sillonnistes, seront jointes à votre effort syndical; ou bien, au contraire, nous aurons un mouvement syndical différent du vôtre.

Vous pouvez choisir, Camarades, mais, encore une fois, vous serez responsables de votre choix.

Dans la salle. — Comme vous voulez.

Pour l'unité ouvrière.

Marc Sangnier. — Puisqu'un interrupteur me dit : « Comme vous voulez », je vais lui répondre ce que je veux. Ce que je souhaite ardemment, c'est que l'intolérance des libertaires ne brise pas l'effort de la classe ouvrière ; ce que je désire ardemment, c'est que tous les prolétaires voulant transformer la société en arrivant à la suppression du patronat et du salariat puissent marcher ensemble en se donnant la main.

Dans la salle. — Pas avec toi...

Marc Sangnier. — Ce que je souhaite ardemment, c'est que, même avec toi, on puisse marcher, alors que toi, tu ne veux pas marcher avec nous. (*Applaudissements prolongés.*)

Et c'est bien ici que la différence d'attitude s'accentue. Alors que vous dites : « Pas avec vous », nous, nous disons : « Bien que nous, nous soyons aussi distants de vous que vous l'êtes de nous — c'est une vérité de M. de La Palisse (*Rires*),— nous ne voyons cependant pas d'obstacles à marcher ensemble, à condition que ce qui nous divise au point de vue philosophique, au point de vue religieux, soit discuté entre nous, mais en dehors de l'effort syndical qui doit nous réunir tous. Voilà ce que je veux. (*Applaudissements.*)

Cela exige que, dans le syndicat, vous n'essayiez pas plus de faire une propagande exclusive en faveur de vos doctrines propres, que nous n'essayerons d'en faire en faveur des nôtres. Non pas qu'on ne pourra parler dans le syndicat de ce qui nous divise — je ne suis pas partisan de ces syndicats neutres où l'on ne parle de rien du tout de peur de se disputer: j'estime que c'est une manière un peu trop sommaire de faire l'union. Seulement je dis qu'il y a un certain nombre d'idées qui sont celles exclusivement des libertaires, de même qu'il y en a un certain nombre qui sont exclusivement celles des sillonnistes, et ce n'est pas sur ces idées-là que l'union peut se faire. Elle peut se faire sur la propagande syndicale, sur l'idée d'émancipation du prolétariat par la suppression du patronat.

Si vous ne voulez pas, nous marcherons sans vous. (*Applaudissements.*)

J'ai confiance que l'immense majorité, non seulement des prolétaires, mais même des syndiqués appartenant à la C. G. T. pensent qu'il faut accepter ce large terrain d'entente syndicale. J'ai confiance que si la question que je viens de poser ici pouvait l'être en même temps devant tous les syndiqués de France, la réponse de l'immense majorité de ceux-ci serait dans le sens de celle que je viens de faire.

N'oubliez pas, Camarades, que les syndiqués sont hélas! à l'heure actuelle, une infime minorité du prolétariat — il y a peine 10 % des prolétaires syndiqués — et soyez convaincus que si beaucoup de prolétaires ne veulent pas se syndiquer, ce n'est pas seulement par paresse, ce n'est pas seulement par lâcheté, ce n'est pas seulement par routine, c'est parce qu'ils ont peur de ne pas rencontrer dans le syndicat un terrain où toutes leurs convictions morales ou philosophiques seront respectées. (*Vifs applaudissements.*)

Le jour où ils seraient sûrs de ce respect, ils entreraient plus nombreux dans les cadres des syndicats et vous auriez, non plus une minorité, mais l'ensemble du prolétariat. (*Applaudissements prolongés.*)

Ceux qui ont confiance dans le peuple.

Voilà, Camarades, quelles sont mes espérances, et je suis convaincu que tôt ou tard, notre conception triomphera. Je ne suis pas de ceux qui désespèrent de la République, je ne suis pas de ceux qui n'ont pas confiance dans le peuple de France, et c'est n'avoir pas confiance dans le peuple que de tout attendre d'une révolution brutale et sanglante, comme c'est n'avoir pas confiance dans le peuple que de tout attendre du sabre puissant d'un César. Césariens de droite ou révolutionnaires de gauche se rencontrent dans un même manque de confiance envers le peuple ; nous, nous avons confiance, nous croyons qu'il y a du bon sens, de la loyauté et du courage dans l'âme de cette multitude qu'est le prolétariat français. (*Applaudissements.*)

Jamais nous n'accepterons de désolidariser les forces syndicales de l'effort démocratique et républicain, jamais nous n'accepterons de mettre la République d'une part et le prolétariat de l'autre, et vous verrez, Camarades, que, malgré les difficultés que nous rencontrerons sur notre route, que malgré les obstacles, nous continuerons, lentement, peut-être, mais sûrement, notre marche et nous aurons l'âme de la France, c'est-à-dire l'âme de l'humanité avec nous. Il ne faudra peut-être pas être très vieux pour le voir. (*Vifs applaudissements.*)

Je termine sur cette invincible espérance. J'ai trop connu nos camarades prolétaires, j'ai trop connu aussi ceux qui, sans être des nôtres, sont nos alliés conscients ou inconscients, pour pouvoir douter de l'avenir du syndicalisme français. Il traverse aujourd'hui des crises sanglantes de croissance, mais il vaincra, j'en suis sûr, parce qu'il ne sera pas seulement l'explosion d'un matérialisme égoïste, mais parce qu'il sera le grand coup d'aile d'une classe toute entière qui veut monter vers plus de lumière.

Ah! Camarades, vous pouvez sourire de ces phrases et dire qu'elles sont creuses, mais ceux qui les sentent battre dans leurs cœurs comprennent qu'elles sont toutes pleines de vie et que si cet idéal n'existait pas, il n'y aurait pas de révolution sociale possible, il n'y aurait pas d'émancipation ouvrière, il n'y aurait rien pour pousser le prolétaire à combattre et à lutter, car vous savez bien que vous ne verrez pas la victoire définitive, que vous recevrez peut-être seulement les coups et que ce sont ceux qui viendront après vous qui récolteront là où vous aurez semé. *(Applaudissements prolongés.)*

Le devoir des croyants.

Quant à ceux — et ce sera mon dernier mot — qui joignent à l'amour de la justice, qui joignent aux certitudes de la philosophie morale des croyances et des convictions plus intimes et plus profondes, quant à ceux qui portent au cœur une foi religieuse: ah! ceux-là, je les supplie de ne pas rester au dernier rang, de ne pas s'attarder avec le poids mort des impuissantes réactions que traînent les cités en marche vers la liesse des grandes rédemptions, mais qu'ils soient les premiers, toujours: ce sera la meilleure manière de montrer au monde que la foi n'est pas morte, puisqu'elle est capable de soulever le poids des injustices. (*Vifs applaudissements.*)

Et maintenant, Camarades, si j'ai dit un seul mot qui puisse être considéré par qui que ce soit comme une insulte, qu'on vienne le dire à cette tribune. J'ai seulement parlé avec tout mon cœur et toute mon âme. Nos camarades agissent toujours de même, avec

tout leur cœur et toute leur âme et si l'on
veut lutter contre eux, il faut montrer qu'on
a plus de cœur qu'eux. J'espère bien qu'ils
ne permettront à personne d'aimer le prolétariat, d'aimer la Justice et la République plus
qu'eux et ce sera leur meilleure vengeance.
(Applaudissements prolongés, cris : Vive
Sangnier !)

DISCOURS

DE

MARC SANGNIER

Marc Sangnier. — Camarades,

De récents et tragiques événements ont mis à l'ordre du jour de l'opinion le syndicalisme et en particulier l'organisation ouvrière de la *Confédération Générale du Travail.* Depuis quelques années surtout nos camarades sillonnistes sont de plus en plus nombreux dans les syndicats de la *Confédération:* leur présence, leur activité, leur dévouement ont été diversement appréciés par les syndiqués, — certains de ceux-ci se sont publiquement réjouis de la présence des sillonnistes dans leurs syndicats, d'autres, au contraire, ont voulu y voir un danger menaçant pour la C. G. T. et quelques-uns, très peu nombreux, il est vrai, n'ont même pas craint d'essayer

individus ne peuvent revendiquer que pour
eux, que s'ils se syndiquent c'est pour pouvoir s'élever contre l'oppression patronale et
pour pouvoir dire à l'oligarchie capitaliste :
« Je suis là, non pas pour l'humanité, non
pas pour la justice, non pas pour ces mots
qui, depuis des siècles et des siècles, sont ré-
pétés de par le monde et n'apportent aucun
résultat, mais parce que j'ai droit à la
vie, parce que je veux vivre et lutter contre
votre oppression. »

C'est pour cela que nous nous unissons
dans les syndicats. Nous sommes des orga-
nes de luttes, de revendications immédiates,
mais nous ne voyons et ne pouvons pas voir
dans le syndicat un organe de revendications
plus générales. Nous ne voyons pas dans le
syndicat, le paradis. On le voit dans une
doctrine qui s'appelle le collectivisme : ce
n'est même pas encore le paradis, mais seulement un quantum de justice sociale, tous les
individus ayant toutes les garanties auxquelles ils ont droit, avec la plus grande somme
de liberté qui puisse être donnée

Tout à l'heure, lorsque notre camarade

Marc Sangnier critiquait les royalistes, les réformistes, les anarchistes, il essayait de nous passer sa pommade. (*Rires.*) On vient nous dire : « Peuple, crois en la Justice, crois en l'Humanité » et le peuple marche et ce sont les maîtres du jour qui profitent de la justice. Nous, au contraire, nous disons au peuple : « Nous avons étudié les lois économiques de la vie — je ne veux pas les exposer ce soir, car il y a d'autres camarades inscrits — notre doctrine est positiviste et déterminée, nous voulons associer les éléments de la bourgeoisie et les travailleurs en laissant chacun libre de penser comme bon lui semblera. »

Si vous attendez la Justice et l'Humanité, Camarades, vous attendrez encore longtemps. On vous fera longtemps encore avaler du cléricalisme ou de l'anticléricalisme, longtemps encore on vous bourrera le cerveau d'idioties si vous ne savez vous retrancher derrière votre individualité, si vous ne savez vous mettre au-dessus de toutes ces écoles, si vous ne savez compter comme un mathématicien qui calcule avec les faits et non avec les idées, car les idées on les voit d'autant plus belles que celui qui les présente a d'autant plus de bagout, que celui qui parle entoure ces idées d'aphorismes plus ou moins justes.

On a vu pas mal de camarades être patriotes. Comme si cela pouvait nous faire quelque chose et comme si au fond nous n'étions pas les fils de la nature, comme si la terre n'était pas à nous. (*Applaudissements.*)

A vous tous, qui êtes des chrétiens et des déistes, je demande si votre Dieu a fait la terre pour certains plutôt que pour d'autres, je demande si votre Dieu vous a catalogués vous, Français, dans des limites déterminées, les Espagnols ici, les Italiens là, et ainsi de suite de toutes les nations. (*Sourires.*)

J'en vois qui sourient et qui trouvent cela drôle, j'en vois qui ne sont pas d'accord avec nous et qui ont l'air de s'étonner. Aux uns comme aux autres, je dis : Le Peuple n'a jamais eu de Patrie. La Patrie, c'est une idée, comme les autres idées, elle se transforme, les peuples suivent, mais ce qu'ils restent toujours, ce sont des machines à produire, ils restent des serfs dans tous les régimes qui se sont succédé. A l'heure actuelle, ils sont ceux du capitalisme qui les étreint et pour s'élever au-dessus de cette condition, il est nécessaire qu'ils deviennent eux-mêmes, qu'ils revendiquent pour eux.

Dans le syndicat, nous revendiquons pour nous. Si nous y sommes antimilitaristes, c'est que nous rencontrons l'armée sur les champs de grève. (*Applaudissements.*) Quant à diré que nous devenons antipatriotes, ceci est un non-sens, nous ne le devenons pas, nous le sommes d'avance, parce que la Patrie, c'est de la blague. (*Rires. Protestations.*)

Ayant ainsi posé l'idée de Patrie, je m'adresse aux sillonnistes et je dis à Marc Sangnier : « Je vous entendais dire : « Comment se fait-il que nous ne puissions nous présenter sans qu'on doute de notre pensée, sans qu'on ne nous croie pas sincères ? Je crus Marc Sangnier sincère et je pris son évangile. J'y ai rencontré beaucoup de fables très belles à lire, je vis qu'un jour un homme qui s'appelait Jésus de Nazareth s'en allait à travers les plaines de la Judée. Il s'élevait contre les scribes et les pharisiens. Les scribes étaient les prêtres, les pharisiens étaient les capitalistes de ce temps. Il leur criait : « Race de vipères, bandits, vous avez fait du temple un antre de voleurs. » Et je vis que cet homme, pour ne pas avoir renié ce qu'il avait dit, fut crucifié.

Je m'aperçois qu'au moment où tout le monde crie contre les camarades de la C. G. T., Marc Sangnier fait comme Pierre, il les renie et il n'y pas de sottises qui ne soient bonnes pour eux. Je dis que lorsqu'on a traité, dans *l'Eveil Démocratique*, les membres de la C. G. T. d'apaches, on n'est plus qualifié pour venir parler au nom du syndicalisme. Je dis que c'est vouloir se moquer des gens que de venir parler de sa sincérité.

Je vais terminer, Camarades, d'autres sont inscrits et je ne veux pas abuser de la tribune. mais je dis que si nous voulons faire de l'action, il faut savoir être nous-mêmes. ne soyons pas des abrutis, des avachis et, dans tous les sens, n'écoutons aucun dogme, ne nous subordonnons à aucune idée. Il n'y a pas d'idée supérieure; nous serons collectivistes ou socialistes parce que nous verrons dans la collectivité le moyen d'assurer notre vie. Lorsque nous en serons là, nous pourrons alors philosopher, mais avant, c'est se f... du monde, car jusque-là, l'immense masse ne peut avoir d'idées et ne peut être qu'une machine. (*Applaudissements.*)

A propos de l'Émeute de Villeneuve-Saint-Georges.

Réponse à d'injurieuses accusations.

Marc Sangnier. — Je répondrai en deux mots, car je suis impatient d'entendre le Camarade Janvion qui s'est fait inscrire.

Dans la salle. — Vous répondrez à la fin.

Marc Sangnier. — Il vaut mieux répondre tout de suite, sans cela on ne s'y reconnaîtra plus.

Je tiens à répondre à la question personnelle qui m'a été posée au sujet des événements de Draveil et c'est un devoir absolu pour moi d'y répondre.

Je considère que, quelque cruels qu'aient été les incidents de Draveil, nous avions tous le devoir de dire nettement ce que nous en pensions et si, au lendemain de ces événements, j'ai indiqué que je considérais comme nuisible à la Cause du prolétariat de semblables manifestations, je n'ai fait du reste qu'affirmer plus vite — ce qui est à mon honneur — ce que les prisonniers de Corbeil, le citoyen Griffuehles et les autres ont dit ensuite, à savoir : « que cette manifestation était intempestive et qu'ils l'avaient jusqu'au bout déconseillée ».

M. de Marmande.— Ce n'est pas ce que vous avez dit.

Marc Sangnier. — Quant à moi, je considère que les droits de la pensée libre doivent être tels que lorsque nous désapprouvous une manifestation, nous ne soyons pas forcés par je ne sais quelle discipline de caporalisme, d'y applaudir. (*Applaudissements.*)

Enfin, Camarades, je relève l'extraordinaire procédé de polémique de la *Voix du Peuple*, et je crois avoir suffisamment, dans les articles dé l'*Eveil démocratique*, signalé cette étrange erreur grammaticale, pour qu'il ne soit pas besoin d'y revenir ce soir.

J'avais reproché à la C. G. T., et j'ai 'le texte...

Dans la salle. — Lisez-le.

Marc Sangnier. — Je vais le lire, j'ai apporté les articles... (*Bruits divers.*).

« Voici ce qui dénote une mentalité caractéristique. Ces émeutiers jouent abondamment du revolver et de préférence... » (*Interruptions.*)

Cela est tellement vrai que des syndicalistes ont dit qu'il y avait des agents provocateurs. Il est donc vrai que des gens ont joué du revolver, au moins les agents provocateurs.

» ... (*Lecture.*) « Ceux-ci finissent-ils par riposter, aussitôt, l'indignation des agresseurs n'a plus de bornes. Comment, on ne les laisse pas piller, massacrer, à leur guise, quelle indignité! On a l'audace de vouloir démolir leurs barricades, ce n'est plus de jeu. Les syndicalistes de la C. G. T. sont au-dessus des lois, du droit, de la morale, de la simple honnêteté, quiconque le nie est un infâme et mérite la mort. »

Dans la salle. — Ce n'est pas ce passage-là.

M. de Marmande. — Moi, cela me suffit abondamment.

Marc Sangnier. — Prenant texte de ce passage, la *Voix du Peuple*, dans un article, a dit que je voulais tuer les ouvriers alors que je reprochais à la C. G. T. de dire que ceux qui démolissaient les barricades, et s'opposaient à ce qu'elle a appelé « ses grandes manœuvres » à Villeneuve-Saint-Georges, les gendarmes, méritaient qu'on tire des coups de revolver sur eux parce qu'ils cherchaient à enlever les barricades. Alors que j'ai reproché aux syndicalistes de déclarer dignes de mort ceux qui détruisaient les barricades, voilà qu'on dit que j'ai voulu tuer les syndicalistes :

(*Lecture*) : « Les derniers cadavres ne suffisent pas à Marc Sangnier, il réclame la mort pour les militants emprisonnés à Corbeil. Nous saurons nous en souvenir. »

Je prétends, Camarades, que persister, comme on l'a fait dans cette bévue, car après ma réponse, un nouvel article a paru dans la *Voix du Peuple* et a soutenu que je voulais le sang des ouvriers, je dis que profiter de ce que les lecteurs de la *Voix du Peuple* n'ont pas tous lu mon article, pour donner un sens absolument en contradiction avec le sens que j'ai donné à mes paroles, c'est agir avec une extraordinaire inconscience. Je fais appel à la sincérité de tous ceux qui sont présents, syndicalistes ou non, et je leur demande: « A-t-on le droit de combattre un adversaire en lui faisant dire le contraire de ce qu'il a dit? oui ou non? »

Et maintenant, Camarades, et le camarade Janvion me le rappelait tout bas, j'ai dit et je le répète que ceux qui combattaient sur les barricades, ceux qui ont fait l'émeute de Villeneuve-Saint-Georges, ne ressemblaient pas tant à des syndicalistes conscients qu'à une bande d'émeutiers...

M. de Marmande. — C'est abominable ce que vous dites là.

Marc Sangnier. — J'ai dit et je le répète, qu'il est regrettable — et je regrette que vous ne le trouviez pas regrettable — que l'action directe du prolétariat ouvrier soit faite par des foules si peu organisées que les chefs mêmes, que Griffuehles et les autres, ne voulaient pas de cette manifestation et considéraient qu'elle n'était pas opportune.

Je dis que si l'on veut faire impression sur le pays, que si l'on veut aboutir à une transformation économique, il faut se méfier de ces émeutes, dans lesquelles à côté de syndicalistes sincères, loyaux, et passionnés, se rencontrent des apaches et des émeutiers de profession. Il y en a partout.

Dans la salle. — Vous vous associez aux malfaiteurs publics du Gouvernement.

Marc Sangnier. — Je vous répète, Camarades, ce que j'ai dit dans d'autres enceintes et à d'autres adversaires. Vous vous souvenez sans doute d'une époque où les catholiques de France protestaient, au moment des inventaires, contre le Gouvernement, et le camarade Janvion qui a assisté à plusieurs de nos meetings n'a pas oublié peut-être que beaucoup de questions et ·de reproches m'étaient posés par les catholiques au sujet de l'appréciation que j'avais portée sur les bagarres des inventaires. Je tenais aux catholiques le langage que je tiens aujourd'hui aux syndicalistes révolutionnaires : « Lorsque vous voulez faire de l'action directe, lorsque vous voulez agir contre des forces policières, faites bien attention de ne pas laisser se mêler à vous des bandes d'apaches et de voyous. »

Et, Camarades, je ne vois pas pourquoi ce que j'ai dit aux catholiques je ne le répèterais pas aux syndicalistes. Le camarade Janvion me demande quels sont ces apaches, je vais lui répondre, car soyez convaincus que j'ai tenu à me renseigner avec la plus grande impartialité, que j'ai tenu à interviewer non seulement nos camarades prolétaires de Villeneuve, mais tous ceux, qui, de près ou de loin, avaient pris part à ces événements. Or, il y a des hommes qui arrêtaient et rançonnaient les passants, il y a des hommes qui crachaient à la figure des soldats et des officiers, il y a des hommes qui injuriaient de la plus grossière et de la plus obscène façon, non seulement les officiers, mais de pauvres soldats qui étaient là, non pas pour prendre parti contre le syndicalisme, mais pour maintenir l'ordre. J'ai bien le droit d'affirmer qu'une telle attitude que vous pouvez approuver à cette tribune, si vous le voulez, ce sera franc et je ne demande que cela, qu'une telle attitude a fait du mal au prolétariat. J'ai le droit de dénoncer l'attitude de ceux qui ont fait dégénérer en émeute impuissante la manifestation de Draveil, de même que j'ai le droit de dire que l'attitude de certains de ceux qui essaient d'étouffer ma voix, ne sert pas leur cause mais au contraire la détruit. (*Vifs applaudissements. Interruptions.*)

Il faut, Camarades, que l'on ait le droit d'exposer ses idées et nous pouvons ne pas juger de la même manière les événements, mais vous n'avez pas le droit de nous empêcher de parler.

Au Camarade qui a prétendu que la terre appartenait à tous les hommes et que c'était pour cela qu'ils n'avaient pas de Patrie, je réponds que c'est au contraire parce que la terre a été faite pour tous les hommes qu'il faut que les prolétaires s'efforcent de la reconquérir; c'est donc parce que les prolétaires n'ont pas suffisamment de Patrie en France qu'ils doivent travailler à la conquérir, car la Patrie ne méritera vraiment ce nom que si elle est la Patrie de tous les citoyens.

Bien loin que votre argumentation m'empê-
che d'être patriote, j'affirme que c'est pour
cela que je suis patriote, parce que je veux
que la Patrie appartienne à tout le monde ;
mais si vous détruisez la Patrie, du même
coup, vous détruirez les instruments qui ser-
vent la Cause de l'Humanité.

Camarades, je tiens à dire, et je crois cor-
respondre aux sentiments de tous, qu'au nom
même de l'Humanité, au nom de l'émancipation prolétarienne, nous avions le devoir de
vous montrer que cette émancipation doit
d'abord être réalisée sur le coin de terre où
nous sommes nés et où nous vivons, et nous
réclamons, non pas le maintien d'une Patrie
capitaliste et exploitrice, mais la transformation de cette Patrie en une terre vraiment démocratique. Notre patriotisme même nous
pousse à vouloir conquérir la Patrie pour
tous, de manière à ce que cette Patrie serve
la Cause même de l'Humanité et de la
Justice. (*Applaudissements.*)

Un réformiste.

Le Président. — La parole est au camarade Doizié.

M. Doizié. — Citoyens,

(*On réclame Janvion.*)

Citoyens, il ne faut pas faire croire que Janvion est une idole pour vous. Vous pouvez bien entendre un militant obscur, d'autant plus que je ne serai pas long.

Je commencerai par répondre d'abord à une question posée par Marc Sangnier. J'y réponds en mon nom personnel, car je ne pense pas qu'ici personne ait le droit de parler au nom d'une organisation.

Cette question est la suivante : « Pensez-vous que les syndiqués, pour avoir accès dans la C. G. T., doivent épouser les façons de voir des anarchistes qui la dirigent à l'heure actuelle ou croyez-vous au contraire, que les membres du *Sillon* aussi bien que les membres de toutes les autres organisations aient le droit d'y aller et de préconiser leur façon de voir particulière? »

La réponse, d'après moi, est la suivante. Elle n'est pas oui sur tous les points, comme les jurés bourgeois quand ils jugent des prolétaires, elle n'est oui que sur une certaine partie, à savoir que je suis, en effet, d'avis que tous les véritables syndicalistes qui ne veulent pas de fantômes d'organisation avec des chefs révolutionnaires et rien derrière, mais qui veulent des organisations nombreuses et puissantes, je suis d'avis qu'on ne doit mettre aucune condition pour admettre quelqu'un dans un syndicat. (*Vifs applaudissements.*) Mais j'ajoute, contrairement à l'esprit et aux désirs du citoyen Sangnier, que ce n'est pas pour aller y faire prédominer sa façon de voir, c'est pour aller y faire du syndicalisme tout court. (*Applaudissements.*)

C'est parce que vous donnez à certaines organisations comme le *Sillon*, par exemple — et je vous avoue que c'est la première fois que je mets les pieds dans une de ses réunions — un air de ne pas s'occuper de politique, que je dis: Ce sont justement les hommes qui crient le plus fort: « A bas les politiciens » ceux qui s'indignent de voir une soutane, ou un jeune homme qui a une tête qui ne leur plaît pas en le baptisant de calotin, ce sont ceux-là qui introduisent la politique la plus désastreuse dans les syndicats. (*Applaudissements.*)

Je dis que c'est ce défaut de matérialisme, ce besoin de mélanger la philosophie avec le matérialisme qui font que vous divisez le prolétariat. Au risque de me faire traiter de modéré par des jeunes gens qui n'ont pas encore plusieurs années de syndicalisme, j'ai le courage de dire: que c'est de leur faute si Sangnier avait raison tout à l'heure lorsqu'il disait: « Si vous voulez que le syndicalisme soit anarchiste, vous donnez par là même naissance à d'autres syndicats qui ne seront pas anarchistes et par conséquent, c'est vous qui diviserez la classe ouvrière. » (*Applaudissements.*)

Ce qu'il faut, et je répète ici ce que mon ami Renard a dit à Marseille et ce qu'il avait dit au Congrès d'Amiens... (*Interruptions dans la salle.*) — Si nous ne faisions pas de la politique, nous ne serions pas ici ni les uns ni les autres... — Ce que nous voulons, ce sont des armées véritablement existantes, et j'estime que l'on peut rendre le syndicalisme révolutionnaire sans jamais prononcer ni le mot socialisme, ni celui de révolutionnaire, par le fait seul que vous grouperez des intérêts, par le fait que vous aménerez des membres d'une même corporation, sans savoir ce qu'ils pensent de Dieu ou du diable, de Boisdeffre ou de Dreyfus... (*Applaudissements*) en ne leur demandant que d'être de la corporation, sans leur faire de longs palabres qui font peut-être beaucoup d'effet quand on a de grands cheveux, mais qui ne signifient pas grand'chose. (*Rires.*)

Vous aurez des armées puissantes et ces hommes-là à qui vous n'aurez jamais enseigné à crier « A bas l'armée » ou « A bas la patrie », comprendront d'eux-mêmes que l'armée est toujours au service du capitalisme. (*Quelques applaudissements. Cris divers: A bas l'armée.*)

Je vous laisse le droit de crier « A bas l'armée » ou « Vive l'armée ». Je considère que tout cela est en dehors du syndicalisme. (*Très bien, très bien.*)

Je vous disais tout à l'heure que c'était la première fois que j'entendais Marc Sangnier. Ce soir, j'en ai entendu trois : l'un, le premier, a commencé, parce qu'il avait reconnu quelques grands cheveux dans la salle, par faire un éloge dithyrambique de la C. G. T. (*Violentes interruptions.*)

Permettez-moi de m'expliquer. A supposer même que je dise une bêtise, qu'est-ce que cela peut vous faire, une de plus ou de moins. (*Rires.*)

J'ai tellement raison que celui qui essaie de couvrir ma voix m'a dit, tout à l'heure, que j'étais insolent lorsque je lui disais : « Tiens, il te passe de la pommade. »

Il félicitait tout d'abord les libertaires d'avoir chassé de la C. G. T. ceux qu'il appelle des politiciens et dans son esprit, comme dans le vôtre, Camarades, cela voulait dire ceux qui ne se contentent pas de lutter contre le patronat dans leurs syndicats, mais qui poursuivent la même lutte dans la politique, et c'est au socialisme auquel il faisait allusion.

J'ajoute que je ne crois pas non plus,

malgré les éloges que Sangnier vous adressait, à la nécessité ou plutôt à l'efficacité des minorités agissantes. Comme je suis justement du petit bétail qui est destiné à recevoir les coups, je ne veux pas aller me faire casser les reins pour rien. Je ne veux suivre les minorités que lorsqu'elles pourront me donner des armes pour me défendre. (*Bruits divers.*) Je ne me battrai que quand je serai prêt pour la lutte. Je ne monte le coup à personne, je dis que pour se battre il faut exister et je dis que nous n'existons pas puisque nous sommes un syndiqué sur dix. (*Applaudissements.*) Ce qu'il faut, c'est un recrutement et plus que jamais vous devez bannir toute espèce de politique et surtout la politique philosophique.

Une autre question intéressante. Jusqu'ici, j'avais fait une confusion entre les Jaunes et le *Sillon*... (*Bruits. Vives protestations.*)

Je ne suis pas le seul et malheureusement je disais que je n'étais jamais allé dans une assemblée, j'y suis allé avec Boudet, Sergent, Marot et quelques syndiqués et nous n'avons jamais pu décider l'orateur à nous faire savoir ce qu'il ferait lorsque nous voudrions faire grève pour obtenir la réduction des heures de salaire (*Vives protestations*). Cela se passait dans le douzième arrondissement, à l'Institut populaire, et c'était un typo de la rue des Vertus qui parlait. Je suis obligé de faire ce rapprochement car un bonhomme m'a dit tout à l'heure : « A bas les masques », à moi un vieux militant de dix-neuf ans. C'est comique. (*Rires.*)

J'ai dit : « Du moment que vous ne voulez pas nous dire de quel côté de la barricade vous serez en cas de grève, de grève dûment déclarée, non pas par quelques énergumènes, comme vous les appelez, mais avec le consentement de tous, je douterai de votre sincérité jusqu'à votre réponse catégorique. Je veux savoir aussi si, sous prétexe de ne pas vous engager, vous n'avez pas quelque arrière-pensée.

Marc Sangnier. — Laquelle?

M. Doizié. — Vous avez désiré rentrer dans les syndicats, mais le jour où vous y entrerez pour remplir les obligations prescrites pour tout le monde, vous serez des syndiqués au même titre que tous les autres et je disais tout à l'heure à haute voix que le jour où on vous excluera du syndicat parce que vous êtes sillonnistes ou chrétiens, on commettra une mauvaise action syndicale. (*Applaudissements.*)

Marc Sangnier. — Très bien.

M. Doizié. — Pour mon compte personnel, je n'admettrai jamais l'exclusion d'un syndiqué pour un autre cas que celui qui consiste à faire véritablement œuvre de jaune, c'est-à-dire à aller offrir son bras ou son cerveau à meilleur marché pour faire mourir les autres de misère. (*Applaudissements.*)

Marc Sangnier. — Je prends acte de ce qui vient d'être dit et je félicite le camarade de son courage. (*Applaudissements.*)

Un libertaire.

Le Président. — La parole est au camarade Janvion.

M. Janvion. — J'espère ne pas avoir à me féliciter des félicitations du *Sillon*. Il a posé une question très catégorique, à savoir: si un sillonniste, si un franc-maçon, si un confessionnel quelconque pouvait entrer dans les syndicats et vivre librement de la vie syndicale.

J'ai eu l'occasion plusieurs fois de dire à Sangnier lui-même que je m'étonnais qu'il pose cette question, attendu qu'il y a un statut voté au Congrès d'Amiens qui indique que tous les salariés, à quelque profession qu'ils appartiennent, peuvent entrer dans les syndicats, malgré toutes leurs opinions politiques, philosophiques ou religieuses, à condition de ne pas apporter leurs querelles, leurs opinions, ou leur philosophie du dehors dans le syndicalisme.

Il s'agit de savoir si on entre dans le syndicat comme sillonniste. Evidemment, non.

Vous savez très bien qu'un salarié peut se présenter au **syndicat** et qu'on ne lui demandera pas son billet de confession: le syndicalisme, Sangnier le sait très bien, n'est pas confessionnel.

Il est alimentaire d'abord. (*Bravos.*) C'est tout d'abord une question d'intérêt professionnel.

Vous avez parlé, Sangnier, du cas d'Angers: c'est un cas d'espèce, je regretterais et je m'étonnerais que les camarades sillonnistes aient été exclus de ce syndicat uniquement parce que sillonnistes.

Marc Sangnier. — C'est formel. (1)

M. Janvion. — Pour l'instant, vous n'avez rien montré et je reste sur le terrain du Congrès d'Amiens, un terrain bien fixe et connu

---

(1) La Chambre syndicale des Employés de Commerce d'Angers dans sa séance du 5 septembre 1908, a pris en considération (par 5 voix et 8 abstentions) une addition aux statuts ainsi conçue :

« *Pour conserver sa nuance de combat le syndicat n'acceptera pas les syndicalistes sillonnistes* ».

Le lendemain, le Syndicat faisait parvenir aux deux camarades exclus le remboursement de leur cotisation.

de tout le monde et, par conséquent, je crois avoir répondu à votre question.

Vous avez parlé de crise, au début, dans le syndicalisme français. Eh bien, jamais la C. G. T. n'a été aussi florissante. (*Quelques applaudissements.*)

Nous avons compté, au Congrès de Marseille, 110.000 adhérents de plus qu'au Congrès d'Amiens. Les motions qui ont été votées au Congrès — et je suis obligé d'en parler un peu puisque vous en avez parlé beaucoup — sur l'antimilitarisme et l'antipatriotisme, que vous avez traitées vous et Doizié — car je suis obligé de vous combattre à travers le corps de mon camarade Doizié — eh bien, ces motions ont indiqué la seconde phase justement, de ce syndicalisme qui, ne se contentant plus de son but premier, alimentaire, groupe d'intérêts, se ramifie du côté de l'idéal dont vous avez parlé tout à l'heure.

Mais, ce qui nous différencie, c'est que notre idéal est différent...

Marc Sangnier. — Très bien.

M. Janvion. — N'interrompez pas, mon vieux. laissez vos approbations pour la fin.

Vous avez parlé tout à l'heure de deux chiens: il y en avait un gros et gras, qui avait le cou pelé, et le chien maigre, qui avait remarqué que cette marque du col était un signe d'esclavage, se félicitait de sa maigreur. Mais, vous avez oublié un troisième chien, c'est le chien de l'Evangile, qui retourne à son vomissement. Ce n'est pas pour vous que je dis cela, Sangnier.

Nous, nous n'avons pas de ces théories canines, nous voulons seulement par le syndicalisme faire des hommes debout sur leurs pattes et pouvant regarder le soleil en face. (*Applaudissements.*)

Vous avez parlé d'un idéal de justice. C'est un mot abstrait et que vous avez oublié de définir. Quelle est votre justice? Nous n'en savons rien. Vous direz, comme dans une réunion précédente : « C'est Dieu. » Je vous répondrai: Qu'est-ce que Dieu? Mais nous sortirions du sujet.

Mais les hommes qui étaient à la barricade — que vous avez calomniés — ont répandu leur sang pour cet idéal. (*Applaudissements.*)

Je le regrette pour vous, je suis sûr que généralement presque tous nos Camarades avaient jusqu'alors confiance en votre loyauté, confiance en votre sincérité; vous aviez des idées, vos idées, c'est votre droit de les discuter, de les débattre dans les réunions publiques, mais il ne faut pas farder la vérité. Vous avez été mal informé alors, très mal informé, et dans ces conditions comment des mots comme « apaches » et « bandits », que vous n'avez pas lus tout à l'heure, car ce n'était que des extraits, comment des mots aussi graves ont-ils pu être prononcés contre des camarades?

Vous avez parlé tout à l'heure de réactionnaires, de royalistes, vous faisiez allusion à ces libertaires capables de nous mener à la réaction. Mais dans les pays monarchiques, vous avez une liberté de manifestation complète. En Belgique, les manifestations sont escortées officiellement; les sans-travail, à Londres, par 30.000, parcourent les rues sans qu'il y ait de bagarres, et en France, à quelques kilomètres de sa capitale, dans une plaine où les charges de cavalerie peuvent, par guet-apens et par ruse, se ruer sur la population sans défense, vous traitez d'apaches et de bandits des gens qui ont été victimes de ce gouvernement de guet-apens !

Moi je ne préfère pas le roi, je ne préfère pas l'empereur à la République, je les mets tous dans le même sac. Et je prétends aussi démontrer en cinq sec qu'on s'amuse un peu trop à agiter le joujou républicain devant les foules. (*Applaudissements.*)

En Angleterre, l'impôt sur le revenu et les retraites ouvrières sont déjà usés, vomis, digérés. Lord Gladstone a appelé l'impôt sur le revenu, l'impôt de l'hypocrisie. Ici, cela sert encore d'amusette pour la volaille électorale. (*Applaudissements.*)

En un mot, et par une phrase, si vous le voulez, un peu lapidaire, je dirai que notre Démocratie, à nous, comme vous avez expliqué la vôtre, à vous, se résume ainsi : Les syndicalistes révolutionnaires ne s'occupent pas des réactionnaires — on est toujours les réactionnaires de quelqu'un — ils s'occupent des « *actionnaires* », et ce n'est que juste quand on voit des actions qui rapportent

500 % et des cadavres comme à Courrières, quand on voit le capitalisme spéculer sur la bêtise du populo. (*Applaudissements.*)

Nous prétendons, contrairement à Doizié, que l'antimilitarisme et l'antipatriotisme sont la conclusion logique de la première définition, la plus étroite, la plus légale même, si je me place sur le terrain du droit syndical. Vous parlez de gens qui élèvent des barricades, de gens qui tirent des coups de revolver, mais qui est-ce qui place l'armée sur les champs de grève? Est-ce le patronat et l'Etat? ou les ouvriers?

(*Interruptions.*) — C'est l'électeur.

M. Janvion. — N'est-ce pas déjà assez de payer l'impôt du sang, dès votre jeunesse, l'impôt de la peau jusqu'à 45 ans, les accidents du travail sur le champ de grève, est-ce que tout cela ce n'est pas des questions professionnelles ? La Patrie, qu'on nous avait montrée si belle au moment où les preux filaient la laine en attendant leur chevalière — ils préfèrent maintenant de riches mariages juifs et s'occuper du Jockey-Club — la Patrie pouvait être couverte d'un idéal, d'un voile aimable, mais à notre époque où, vous le regrettez pour moi, le matérialisme est devenu un souverain brutal, le prolétariat s'est avancé près de cette idole, il en a déchiré le masque et il a vu que la Patrie était un ventre de proprio, le ventre de Mascuraud sur les pieds de Bouffandeau. (*Vifs applaudissements. Interruptions.*)

La Patrie n'est qu'une question de propriété. M. Barrès, qui est un grand esprit, le fondateur du nationalisme a voulu nous expliquer que c'était le vase clos contenant l'esprit de race. C'était beaucoup plus sérieux que le genre patriotique à la façon mirlitonesque de Monsieur Déroulède. Mais on a remarqué que l'esprit de race en France était déjà pas mal croisé, que la France, avec son sang corse et italien de Nice et du Comtat Venaissin, avec cette Alsace qu'on réclame tant qui appartint si longtemps à l'Allemagne et qui est allemande des pieds à la tête (*Protestations*), avec l'Espagne, qui nous a donné les races basques et flamandes, la France était déjà devenue, en fait, une internation elle-même.

C'est une question de propriété de terrain maintenant, c'est tant de kilomètres carrés à tant le mètre carré et qui vous donne, à vous, les salariés, les éternels locataires de ces éternels propriétaires, l'impôt du loyer qui sort de votre poche et qui répond bien encore à la définition du syndicalisme: groupement d'intérêts économiques et professionnels.

Question d'impôt. Voilà comment la question est comprise par nous.

Il n'y a pas à parler de Justice, de Patrie qui est le commencement de l'Humanité. Le syndiqué parle pour lui-même et le tort des démagogues c'est de négliger Pierre ou Paul.

On avait d'abord sacrifié l'Humanité à Dieu, on l'a sacrifiée à la Patrie, maintenant on la sacrifie au bonheur du Peuple, ensuite ce sera à l'Humanité. Mêmes fadaises. On s'occuper de l'unité, et des unités s'associant dans le syndicalisme forment des groupes qui ont à considérer leurs intérêts particuliers avant de penser à l'intérêt général. Car la seconde forme est bien de ramifier ces égoïsmes vers un idéalisme et de le rendre ensuite humain. (*Applaudissements.*)

Eh bien ! vous avez dit tout à l'heure qu'il ne fallait pas négliger, cependant, la politique, qu'il fallait améliorer cette politique dégoûtante et la rendre propre. Eh bien ! mon cher Sangnier, permettez-moi de vous faire une parabole. Vous devez aimer cela ; peut-être est-elle mauvaise ; elle me vient seulement à l'esprit :

Je compare la politique à ce que serait une barrique de vin fuschiné. Les électeurs sont là à se dire: « Tiens, voilà du vin qui n'est pas buvable, si on changeait le robinet... »

Ils ont changé le robinet et nous avons eu Ledru-Rollin, Déroulède, Deschanel, nous aurons M. Jaurès, M. Sangnier. Je prétends, moi, que ce n'est pas le robinet qu'il faut changer, c'est la barrique qu'il faut briser. (*Quelques applaudissements.*)

Quant à la dernière question, celle du journal, je vous ai fait remarquer tout à l'heure que l'article de l'*Eveil Démocratique* lu par vous n'était pas l'article de fond. Je regrette que les camarades aient été un peu intolérants, je le regrette pour eux, car la discussion aurait pu gagner en clarté ayant moins de passion. Il fallait nous fournir des explications sur le point précis (1), sur les

---

(1) **Le** passage lu par Marc Sangnier est bien celui qu'avait retenu la *Voix du Peuple* pour s'en scandaliser. Dans l'article intitulé « Bas les masques » et paru dans la *Voix du Peuple* du 23 août 1908, la phrase suivante était détachée des quelques lignes de citation de l'article de l'*Eveil* et seule reproduite en caractères gras :

.Les syndiqués de la *Confédération Générale du Travail* sont au-dessus des lois, du droit, de la morale, de la simple honnêteté. Quiconque le nie est un infâme et mérite la mort.

La *Voix du Peuple* faisait suivre immédiatement ces mots des menaces suivantes :

Paroles d'un chrétien, comme on le voit et nous recommandons ces lignes signées de Marc Sangnier, à tous nos camarades de province. Quand il passera dans leur localité, qu'ils le reçoivent comme il le mérite. Il est des infamies, surtout à l'heure actuelle, que la classe ouvrière n'a pas le droit d'oublier. Celle de Sangnier, sans vouloir en rendre responsables tous ceux qui, de bonne foi, le suivent, est de celles-là...

C'est pourquoi les derniers cadavres ne lui suffisent pas, il réclame la mort pour les militants emprisonnés à Corbeil.

Nous saurons nous en souvenir.

La *Voix du Peuple* publia dans son numéro du 6 septembre, sous ce titre : « Une rectification »

attaques, sur les insultes, les diffamations commises par Marc Sangnier dans son journal.

Je ne veux pas abuser de la parole mais je ne veux pas non plus que l'auditoire puis-

---

une lettre de Marc Sangnier montrant quel curieux contre-sens avait commis l'auteur de l'article « Bas les Masques » :

Rien de plus simple, écrivait-il, que le sens de ce passage où je fais un grief à certains syndicalistes de placer la C. G. T. au-dessus du droit commun, de la moralité la plus élémentaire et de traiter en condamnés que l'on lapide et que l'on abat à coups de revolver les gendarmes et les soldats coupables d'essayer de faire respecter la loi. Vous lisez donc exactement le contraire de ce que j'ai écrit. Vous comprendrez sans peine que cette rectification s'impose.

La *Voix du Peuple* reproduit encore à la suite de la réponse de notre ami la même phrase incriminée en maintenant le sens invraisemblable et antigrammatical qu'elle s'acharnait malgré toute évidence à lui conserver.

M. Sangnier, écrit-elle à nouveau, a trouvé que ce n'était pas suffisant (*de faire passer les manifestants devant le juge d'instruction*), il demande à l'avance la mort.

Le passage cité au meeting par Marc Sangnier est donc bien celui-là même dont la fausse interprétation surexcita certains militants libertaires de la C. G. T. C'est le « point précis » qui donna naissance à la polémique à laquelle il est fait allusion entre la *Voix du Peuple* et l'*Eveil démocratique*.

se croire que j'avance des choses inexactes,
mais les expressions apaches et bandits
n'étaient pas dans l'extrait de l'article lu
par vous et qui figure seulement à la troisième colonne de l'*Eveil*.

Marc Sangnier, vous avez voulu nous ra-
conter l'histoire du lapin et du chasseur :
vous avez donné tort au lapin et vous avez
félicité, peu à votre honneur de syndicaliste,
le chasseur et l'assassin.

Loyauté nécessaire.

Marc Sangnier. — Je vais répondre très brièvement aux questions et aux réponses même que le camarade Janvion est venu apporter à cette tribune.

Le camarade vous a dit, tout d'abord, qu'à la condition de ne pas apporter dans le syndicat des débats philosophiques, tout salarié pouvait être syndiqué dans la C. G. T.

M. Janvion. — Tout le monde le sait.

Marc Sangnier. — Mais le camarade a, vers la fin de sa réponse, ajouté très opportunément que l'antipatriotisme et l'antimilitarisme, tels qu'il vous les a exactement définis, étaient une conséquence nécessaire du syndicalisme ; que le syndicat, après avoir réuni tous les prolétaires autour du simple intérêt matériel immédiat, commençait, dans une seconde phase, plus noble, à s'idéaliser, c'est-à-dire, non pas se rattacher à une doctrine dogmatique, mais à découvrir un certain nombre d'actions directes déterminées, telles que l'antimilitarisme et l'antipatriotisme qui découlaient nécessairement de la lutte syndicaliste.

Or, Camarades, voici toute la question posée à nouveau. Accepterez-vous dans vos syndicats tous les prolétaires, même lorsqu'ils n'ont pas les idées du citoyen Janvion sur la Patrie ou le militarisme? Ou bien n'accepterez-vous que ceux qui ont les idées du camarade Janvion?

Vous les acceptez tous?

M. Janvion. — Evidemment.

Marc Sangnier. — C'est tout ce qu'il me faut. Je continue mon argumentation *(Approbations et rires)*. Le camarade Janvion accepte donc, dans le syndicat, tous les syndiqués. Mais, lui, fait dans le syndicat une propagande en faveur de l'antipatriotisme. Il l'a faite au Congrès de Marseille où l'on a voté des vœux antimilitaristes et antipatriotiques.

M. Janvion. — Je l'ai faite au Congrès. Je la fais à la tribune, mais non dans les syndicats.

Marc Sangnier. — Je ne reproche pas,

en ce moment, regardez si j'ai l'âme accueillante, au camarade Janvion de faire de la propagande antimilitariste ou antipatriotique... (*Interruptions.*)

Au moment où la discussion devient pressante et où la foule des auditeurs commence à serrer le débat, je vous prie de ne pas interrompre et de ne pas essayer d'étouffer la discussion.

Que le camarade Janvion fasse donc de la propagande au Congrès de Marseille et ailleurs! Nous ne demandons pas que l'on enlève toutes préoccupations un peu larges au syndicat pour le réduire à un corporatisme sans idéal et sans ardeur révolutionnaire. Mais alors, camarade Janvion, si vous avez le droit de parler de la façon dont vous comprenez la lutte contre la Patrie, nous avons le droit de parler de la façon dont nous comprenons l'amour de la Patrie.

M. Janvion. — Parfaitement.

Marc Sangnier. — Qu'on ne vienne pas dire dès lors que l'on ne veut dans les syndicats que des camarades d'accord avec vous sur ces idées. Quant à vous, Janvion, il faut que vous flétrissiez les employés d'Angers qui ont voulu chasser nos camarades du *Sillon* parce qu'ils n'avaient pas sur la Patrie et l'antimilitarisme les mêmes idées qu'eux. (*Vifs applaudissements.*)

Voilà la question nette et tranchante comme un glaive.

Nous ne refusons pas les discussions. J'ai souvent dit à l'excellent Keüfer que ce n'était peut-être pas un mal si grand d'avoir dans les syndicats quelques libertaires pour secouer l'apathie des autres, mais je veux des libertaires libres, je veux des libertaires qui n'insultent pas nos amis syndiqués qui font campagne avec le *Sillon*, je veux des libertaires qui sachent un peu tout de même ce que c'est que la liberté. (*Très vifs applaudissements. Quelques protestations.*)

Camarades, vous illustrez éloquemment par vos interruptions la vérité de ce que j'ai dit Elles s'attachent à vous, vos interruptions, et elles vous flétrissent. (*Vifs applaudissements.*)

Maintenant, Camarades, je ne demande pas mieux que de venir étudier à nouveau avec le camarade Janvion la matérialité des faits de Villeneuve-Saint-Georges et je vous assure que si je m'aperçois que je me suis trompé, je serai le premier à le dire: je suis de ceux qui considèrent qu'un homme s'honore chaque fois qu'il change d'avis lorsqu'il s'aperçoit qu'il s'est trompé. (*Applaudissements.*)

Mais je demande aussi au camarade Janvion si les témoins qui ont assisté aux faits, si ceux de nos camarades qui se trouvaient près des barricades...

Dans la salle. — Qu'est-ce qu'ils faisaient? Ils tiraient? (*Violentes interruptions*)

Marc Sangnier. — Certains de nos amis sont des ouvriers de Villeneuve. D'autres se trouvaient parmi les soldats appelés à maintenir l'ordre...

Mais, camarade Janvion, si vous reconnaissez que vous vous êtes trompés, si vous reconnaissez qu'en effet, mêlés aux syndicalistes sincères, il y avait une poignée turbulente d'apaches et de voyous, je vous le demande, ayez, vous aussi, le courage de le proclamer (*Applaudissements.*)

Importantes déclarations.

M. Janvion. — Je répondrai à deux questions de Marc Sangnier.

Il me dit: Vos amis et vous avez des idées précises sur le syndicalisme. Vous aboutissez à l'antimilitarisme et à l'antipatrotisme; faites que les nôtres puissent développer aussi leurs idées dans les syndicats.

Mais, dans le syndicat, nous ne parlons jamais de politique, je n'y ai jamais fait d'anarchisme...

Marc Sangnier. — Et au Congrès de Marseille? (*Vives approbations.*)

M. Janvion. — C'est une autre affaire. Le Congrès est une étape qui se fait à époque déterminée, les questions sont portées à l'ordre du jour par le referendum général. Nous discutons ces idées et vos amis peuvent venir défendre les leurs. C'est ce qui s'est passé à Marseille où l'un des vôtres, dont je n'ai pas le nom sur moi mais qui faisait partie de la commission des statuts, est venu proposer en pleine tribune un vote qui consistait à s'opposer à ce qu'on enlevât les drapeaux tricolores qui étaient à la porte de notre congrès. Nous ne l'avons pas exclu pour cela.

Deuxièmement, pour la question des syndiqués d'Angers exclus pour crime sillonniste, vous me parlez d'un article signé X. Que signifie cet argument, quel poids a un article de la *Voix du Peuple (Murmures et protestations)*... devant la théorie générale qui a été votée? et où il est spécifié que peuvent venir au syndicat tous les salariés, tous les exploités, employés manuels ou employés de commerce, en les priant simplement de laisser en dehors du syndicat les questions de philosophie ou de religion qui peuvent introduire au-dedans des querelles extra-syndicalistes.

Lorsque j'ai vu apparaître le *Sillon*, je n'ai pas été du tout mécontent, car je ne connaissais pas votre expression dernière et votre attitude dernière; je voyais le *Sillon* s'orienter simplement vers une question d'idéal qui pouvait rapprocher des hommes de bonne volonté sans amener de question d'animosité.

Cette querelle, je l'ai faite contre les francs-maçons, non pas parce qu'ils étaient francs-maçons individuellement, mais parce qu'ils avaient constitué un groupe et que ce groupe s'était installé dans la Bourse du Travail.

Je mentirais à moi-même si je déclarais que nous n'avons pas vis-à-vis des Sillonnistes le même idéal de liberté que nous avons vis-à-vis de tous les autres. (*Vifs applaudissements.*)

Marc Sangnier. — Nous prenons acte de ces déclarations, elles nous seront utiles.

M. de Marmande, *montant sur l'estrade avant son tour de parole.* — Camarades...

M. Janvion. — Je vous ferai remarquer que je ne suis pas délégué et que j'ai parlé en mon nom personnel.

Un incident.

M. de Marmande. — Camarades, je n'ai que deux mots à vous dire et je vous demanderai un peu de silence car ma voix est à peu près cassée ce soir.

J'ai tenu à intervenir un moment dans la discussion qu'on a abordée ici, non pas pour faire un discours, non pas pour discuter avec vous, Marc Sangnier, car on ne discute pas avec Monsieur Marc Sangnier...

Violentes interruptions. Protestations presque unanimes. Cris: « Descendez! Descendez puisque vous ne voulez pas discuter!... »

Marc Sangnier. — Si vous ne voulez pas discuter, que venez-vous faire ici?

M. de Marmande. — Je pense que vous pourrez attendre la fin d'une phrase et je suppose que le *Sillon* consent à ce qu'on exprime sa pensée. (*Interruptions.*) Lorsque j'ai dit cela, je me suis servi d'une forme de phrase que l'on emploie souvent : on ne discute pas avec Monsieur Marc Sangnier (*Vio-*

lentes interruptions), mais cela ne veut pas dire que je ne discute pas avec les membres du *Sillon* (*Vives protestations*). J'espère que vous n'avez pas ici un homme devant lequel vous êtes continuellement à genoux.

Une voix. — Nous marchons avec lui librement !

M. de Marmande. — J'espère que vous pouvez blâmer celui qui écrit dans votre journal les phrases auxquelles on fait allusion, je pense, en un mot, que vous ne vous solidariserez pas avec le citoyen Marc Sangnier (*Si! Si! Cris d'indignation*) ou si vous vous solidarisiez avec lui, nous pourrions dire, nous qui avons été dans vos réunions — sinon par moi-même, mais par des camarades anarchistes — que nous ne voudrions plus discuter avec vous...

Dans la salle. — Non ! non ! Assez ! Allez-vous en ! Vive Sangnier !

M. de Marmande descend de la tribune pendant qu'une ovation indescriptible est faite à Marc Sangnier.

Le Président. — Je vais donner lecture de l'ordre du jour :

4.000 camarades réunis à l'Eden-Palace, ancien Tivoli-Vaux-Hall, après avoir entendu Marc Sangnier et des contradicteurs libertaires et réformistes, approuvent les doctrines syndicales du *Sillon* et affirment la nécessité d'un syndicalisme qui, nettement professionnel, hardiment démocratique, et profondément respectueux de toutes les forces morales, rattacherait son effort à l'œuvre plus large et plus humaine de l'émancipation démocratique.

L'ordre du jour est adopté, par acclamations, à une immense majorité. Quelques mains seulement se lèvent à la contre-épreuve.

Applaudissements, cris : Vive le Sillon ! Vive Sangnier ! *Les libertaires entonnent* l'Internationale *qui est aussitôt couverte par la* Marseillaise *et le* Chant du Sillon. *Marc Sangnier est porté en triomphe et reconduit en cortège jusqu'à la place de la République.*

TABLE DES MATIÈRES

Pages.

Le Syndicalisme devant la République :

Discours de Marc Sangnier..........   6
    La crise du syndicalisme français.   7
    Les libertaires contre les politiciens.   8
    Etroitesse et insuffisance du syndi-
        calisme libertaire...............   12
    Antimilitarisme et antipatriotisme..   16
    L'écueil du réformisme...........   20
    Notre conception syndicale........   26
    La République avant le syndica-
        lisme.........................   29
    Libertaires et monarchistes........   32
    L'idéal républicain   35
    Les sillonnistes dans les syndicats.   39
    Dangereux exclusivisme..........   43
    Une question posée..............   47
    Pour l'unité ouvrière.............   49
    Ceux qui ont confiance dans le
        peuple........................   52
    Le devoir des croyants...........   55

DISCUSSION.

Un premier contradicteur.......... 57
A propos de l'émeute de Villeneuve-
  Saint-Georges : réponse à d'inju
  rieuses accusations............... 64
Un réformiste..................... 73
Un libertaire..................... 81
Loyauté nécessaire................ 94
Importantes déclarations.......... 99
Un incident....................... 102

L'ORDRE DU JOUR................... 104

Paris. — Imprimerie des Arts et Manufactures
8, rue du Sentier. — 2733-8.